Impressum
Verlag: BABADADA GmbH, Nedderfeld 112 , 22529 Hamburg
Geschäftsführer / Verlagsleitung: Harald Hof
Druck: Books on Demand GmbH, In de Tarpen 42, 22848 Norderstedt

Imprint
Publisher: BABADADA GmbH, Nedderfeld 112 , 22529 Hamburg, Germany
Managing Director / Publishing direction: Harald Hof
Print: Books on Demand GmbH, In de Tarpen 42, 22848 Norderstedt, Germany

Šola

בית ספר

Razred
כיתה
Deljenje
186/2
Tabla
לוח
Šolsko dvorišče
Učitelj
מורה
Papir
נייר
Pisati
כתב
Pisalo
עט
Pisalna miza
שולחן עבודה
Ravnilo
סרגל
Knjiga
ספר
Učenec
תלמיד

Šolska torba

ילקוט

Peresnica

קלמר

Svinčnik

עיפרון

Šilček

מחדד

Radirka

גומי מחיקה

Risalni blok

חוברת סרטוט

Risba

סרטוט

Čopič

מברשת

Vodene barvice

קופסת צבעים

Škarje

מספריים

Lepilo

דבק

Zvezek

ספר תרגול

Domača naloga

שיעור בית

Število

מספר

Seštevanje

חיבר

Odštevanje

חיסר

Množenje

הכפיל

Računanje

חישב

Črka

אות

Abeceda

אלפבית

hello

Beseda

מילה

Besedilo

טקסט

Brati

קרא

Kreda

גיר

Učna ura

שיעור

Redovalnica

יומן נוכחות

Preizkus znanja

מבחן

Spričevalo

תעודה

Šolska uniforma

תלבושת בית ספר

Izobrazba

חינוך

Enciklopedija

אנציקלופדיה

Univerza

אוניברסיטה

Mikroskop

מיקרוסקופ

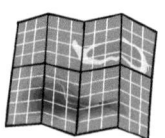

Zemljevid

מפה

Koš za smeti

סל נייר

Potovanje
נסיעה

Hotel
מלון
Hostel
הוסטל
ROOMS
Menjalnica
המרת מטבע
EXCHANGE
Kovček
מזוודה
Avtomobil
אוטו

Jezik
שפה

da / ne
כן / לא

Prav
בסדר

Pozdravljeni
שלום

Prevajalec
מתרגם

Hvala
תודה

Koliko stane...?

כמה עולה.....?

Ne razumem

אני לא מבין

Težava

בעיה

Dober večer!

!ערב טוב

Dobro jutro!

!בוקר טוב

Lahko noč!

!לילה טוב

Nasvidenje

להתראות

Smer

כיוון

Prtljaga

כבודה

Torba

תיק

Nahrbtnik

תרמיל גב

Gost

אורח

Soba

חדר

Spalna vreča

שק שינה

Šotor

אוהל

Turistične informacije

מרכז מידע לתיירים

Plaža

חוף ים

Kreditna kartica

כרטיס אשראי

Zajtrk

ארוחת בוקר

Kosilo

ארוחת צהריים

Večerja

ארוחת ערב

Vozovnica

כרטיס

Dvigalo

מעלית

Znamka

בול

Meja

גבול

Carina

מכס

Veleposlaništvo

שגרירות

Vizum

אשרה

Potni list

דרכון

Prevoz

תחבורה

Letalo
מטוס
Ladja
אונייה
Gasilsko vozilo
כבאית
Avtobus
אוטובוס
Tovornjak
משאית
Motorni čoln
סירת מנוע
Kolo
אופניים
Avtomobil
אוטו

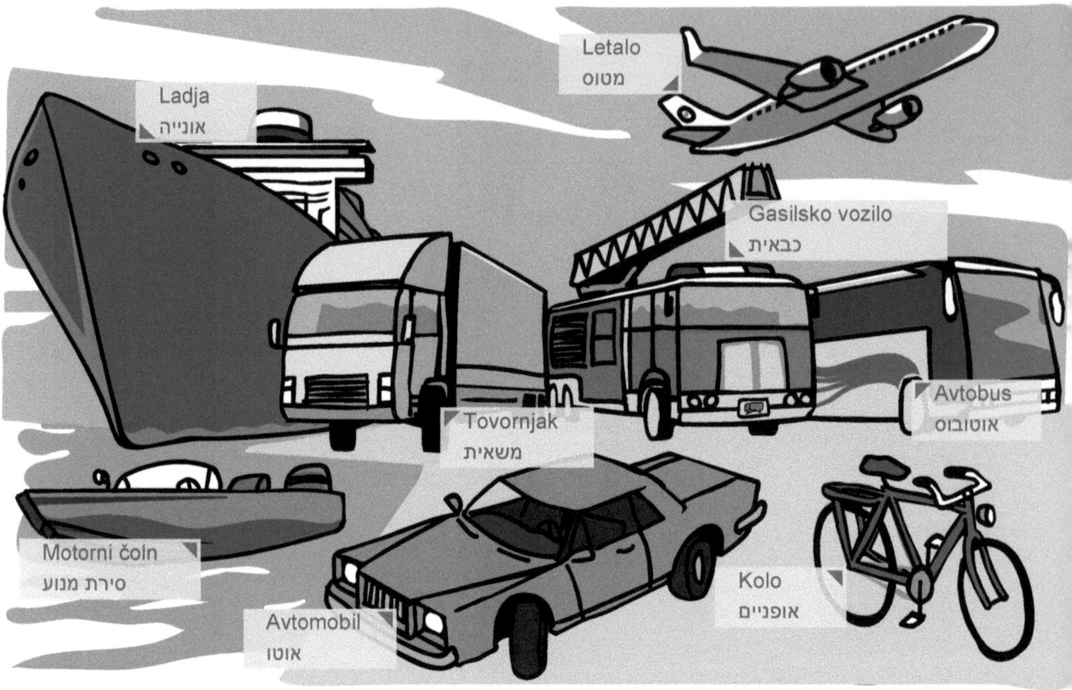

Trajekt

מעבורת

Čoln

סירה

Motorno kolo

אופנוע

Policijski avto

ניידת משטרה

Dirkalni avto

מכונית מרוץ

Najeto vozilo

רכב שכור

Souporaba avtomobila

מכוניות בשיתוף

Avtovleka

אוטו גרר

Smetarsko vozilo

משאית זבל

Motor

מנוע

Gorivo

דלק

Bencinska postaja

תחנת דלק

Prometni znak

תמרור

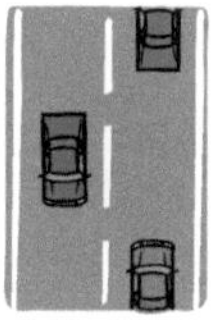

Promet

תנועה

Zastoj

פקק תנועה

Parkirišče

חניה

Železniška postaja

תחנת רכבת

Tirnice

פסי רכבת

Vlak

רכבת

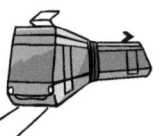

Tramvaj

רכבת קלה

Vagon

קרון

Helikopter

מסוק

Letališče

שדה-תעופה

Stolp

מגדל

Potnik

נוסע

Kontejner

קונטיינר

Karton

קרטון

Voziček

עגלה

Košara

סל

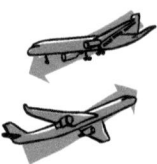

vzleteti / pristati

המראה / נחיתה

Mesto

עיר

Vas

כפר

Mestno jedro

מרכז העיר

Hiša

בית

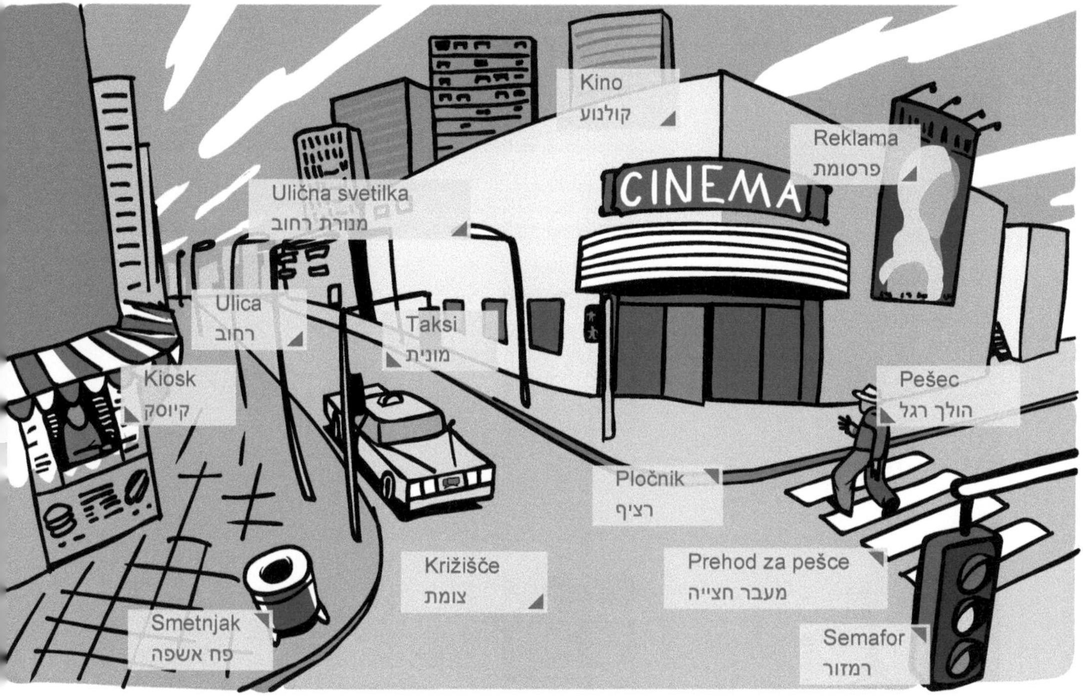

Kino
קולנוע

Reklama
פרסומת

Ulična svetilka
מנורת רחוב

CINEMA

Ulica
רחוב

Taksi
מונית

Kiosk
קיוסק

Pešec
הולך רגל

Pločnik
רציף

Križišče
צומת

Prehod za pešce
מעבר חצייה

Smetnjak
פח אשפה

Semafor
רמזור

Koča

בקתה

Stanovanje

דירה

Železniška postaja

תחנת רכבת

Mestna hiša

עירייה

Muzej

מוזיאון

Šola

בית ספר

Univerza

אוניברסיטה

Banka

בנק

Bolnišnica

בית חולים

Hotel

מלון

Lekarna

בית מרקחת

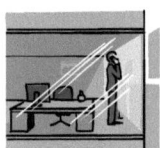

Pisarna

משרד

Knjigarna

חנות ספרים

Trgovina

חנות

Cvetličarna

חנות פרחים

Supermarket

סופרמרקט

Tržnica

שוק

Veleblagovnica

כל-בו

Ribarnica

מוכר דגים

Nakupovalno središče

קניון

Pristanišče

נמל

Park

פארק

Klop

ספסל

Most

גשר

Stopnice

מדרגות

Podzemna železnica

רכבת תחתית

Predor

מנהרה

Avtobusno postajališče

תחנת אוטובוס

Bar

בר

Restavracija

מסעדה

Poštni nabiralnik

תא דואר

Ulična tabla

שלט רחוב

Parkirna ura

מדחן

Živalski vrt

גן חיות

Kopališče

בריכת שחיה

Mošeja

מסגד

Kmetija

חווה

Onesnaževanje

זיהום

Pokopališče

בית עלמין

Cerkev

כנסייה

Otroško igrišče

מגרש משחקים

Tempelj

בית מקדש

Pokrajina

נוף

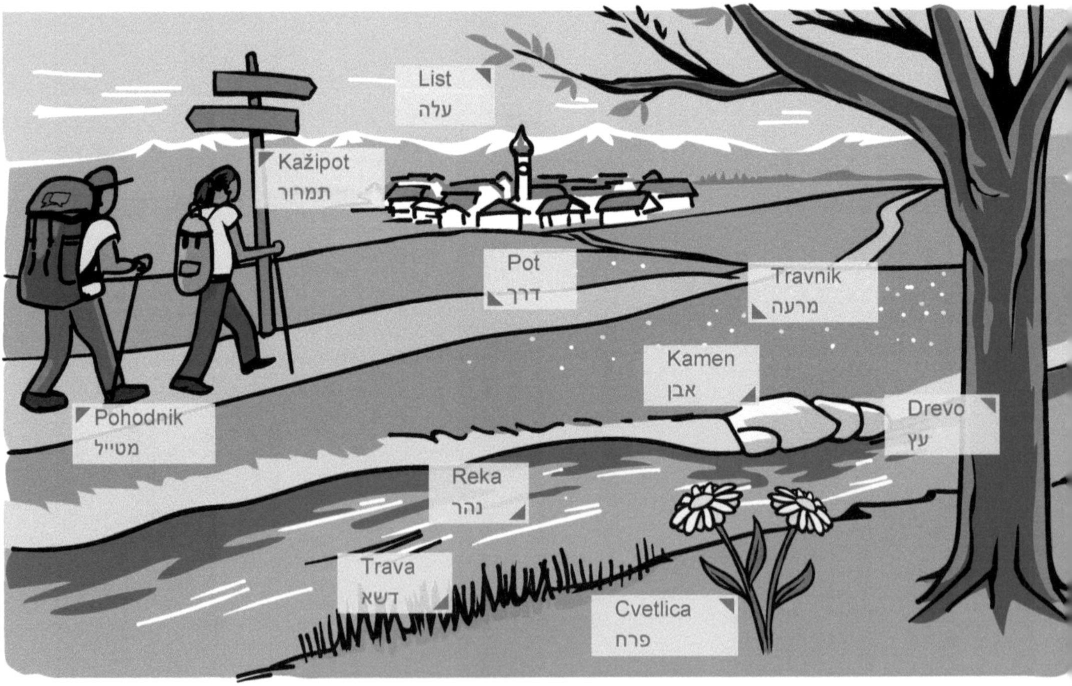

List
עלה

Kažipot
תמרור

Pot
דרך

Travnik
מרעה

Kamen
אבן

Drevo
עץ

Pohodnik
מטייל

Reka
נהר

Trava
דשא

Cvetlica
פרח

Dolina

בקעה

Hrib

הר

Jezero

אגם

Gozd

יער

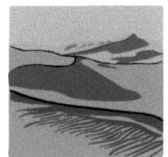

Puščava

מדבר

Vulkan

הר געש

Grad

טירה

Mavrica

קשת בענן

Goba

פטריה

Palma

דקל

Komar

יתוש

Muha

זבוב

Mravlja

נמלה

Čebela

דבורה

Pajek

עכביש

Hrošč

חיפושית

Žaba

צפרדע

Veverica

סנאי

Jež

קיפוד

Zajec

ארנב

Sova

ינשוף

Ptič

ציפור

Labod

ברבור

Divji prašič

חזיר בר

Jelen

צבי

Los

אייל הקורא

Jez

סכר

Vetrnica

טורבינת רוח

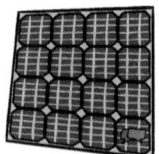

Solarna plošča

פנל סולארי

Podnebje

אקלים

Restavracija

מסעדה

Natakar
מלצר
Jedilnik
תפריט
Stol
כסא
Juha
מרק
Pica
פיצה
Pribor
סכו"ם
Prt
מפת שולחן

Predjed

מנת פתיחה

Glavna jed

מנה עיקרית

Sladica

קינוח

Pijače

שתיות

Hrana

אוכל

Steklenica

בקבוק

Hitra hrana

מזון מהיר

Ulična hrana

אוכל רחוב

Čajnik

קנקן תה

Sladkornica

מסכרת

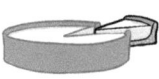

Porcija

מנה

Aparat za espresso

מכונת אספרסו

Stolček za hranjenje

כסא תינוק

Račun

חשבון

Pladenj

מגש

Nož

סכין

Vilica

מזלג

Žlica

כף

Čajna žlička

כפית

Servieta

מפית

Kozarec

כוס

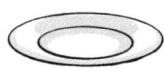

Krožnik

צלחת

Globoki krožnik

קערת מרק

Krožniček

תחתית

Omaka

רוטב

Solnica

מלחייה

Mlinček za poper

מטחנת פלפל

Kis

חומץ

Olje

שמן

Začimbe

תבלינים

Kečap

קטשופ

Gorčica

חרדל

Majoneza

מיונז

Supermarket

סופרמרקט

Posebna ponudba
מבצע
Stranka
לקוח
Mlečni izdelki
מוצרי חלב
Sadje
פירות
Nakupovalni voziček
עגלת קניות

Mesnica

אטליז

Pekarna

מאפייה

Tehtati

שקל

Zelenjava

ירקות

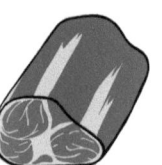

Meso

בשר

Zamrznjena hrana

מזון קפוא

Hladne mesnine

בשר קר

Konzerve

שימורים

Pralni prašek

אבקת כביסה

Sladkarije

ממתקים

Gospodinjski izdelki

מוצרי בית

Čistilno sredstvo

חומר ניקוי

Prodajalka

מוכרת

Blagajna

קופה

Blagajnik

קופאי

Nakupovalni seznam

רשימת קניות

Delovni čas

שעות פתיחה

Denarnica

ארנק

Kreditna kartica

כרטיס אשראי

Torba

תיק

Plastična vrečka

שקית ניילון

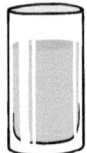

Pijače

שתיות

Voda

מים

Sok

מיץ

Mleko

חלב

Kola

קולה

Vino

יין

Pivo

בירה

Alkohol

אלכוהול

Kakav

קקאו

Čaj

תה

Kava

קפה

Espresso

אספרסו

Kapučino

קפוצ'ינו

Hrana
אוכל

Banana

בננה

Jabolko

תפוח

Pomaranča

תפוז

Lubenica

אבטיח

Limona

לימון

Korenje

גזר

Česen

שום

Bambus

במבוק

Čebula

בצל

Goba

פטריות

Oreščki

אגוזים

Rezanci

אטריות

Špageti

ספגטי

Riž

אורז

Solata

סלט

Ocvrt krompirček

צ'יפס

Pečen krompir

צ'יפס

Pica

פיצה

Hamburger

המבורגר

Sendvič

כריך

Zrezek

שניצל

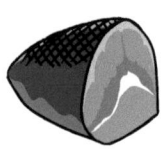

Šunka

שינקין

Salama

סלאמי

Klobasa

נקניקיה

Piščanec

עוף

Pečenka

טיגון

Riba

דג

Ovseni kosmiči

שיבולת שועל

Musli

מוזלי

Koruzni kosmiči

קורנפלקס

Moka

קמח

Rogljiček

קרואסון

Žemlja

לחמנייה

Kruh

לחם

Prepečenec

טוסט

Piškoti

עוגיות

Maslo

חמאה

Skuta

גבינה לבנה

Torta

עוגה

Jajce

ביצה

Pečeno jajce na oko

ביצת עין

Sir

גבינה

Sladoled

גלידה

Sladkor

סוכר

Med

דבש

Marmelada

ריבה

Čokoladni namaz

ממרח נוגט

Kari

קארי

Kmetija
חווה

Skedenj
אסם
Bala slame
חבילת שחת
Polje
שדה
Konj
סוס
Prikolica
עגלת נגרר
Traktor
טרקטור
Žrebe
סייח
Osel
חמור
Ovca
כבש
Jagnje
טלה

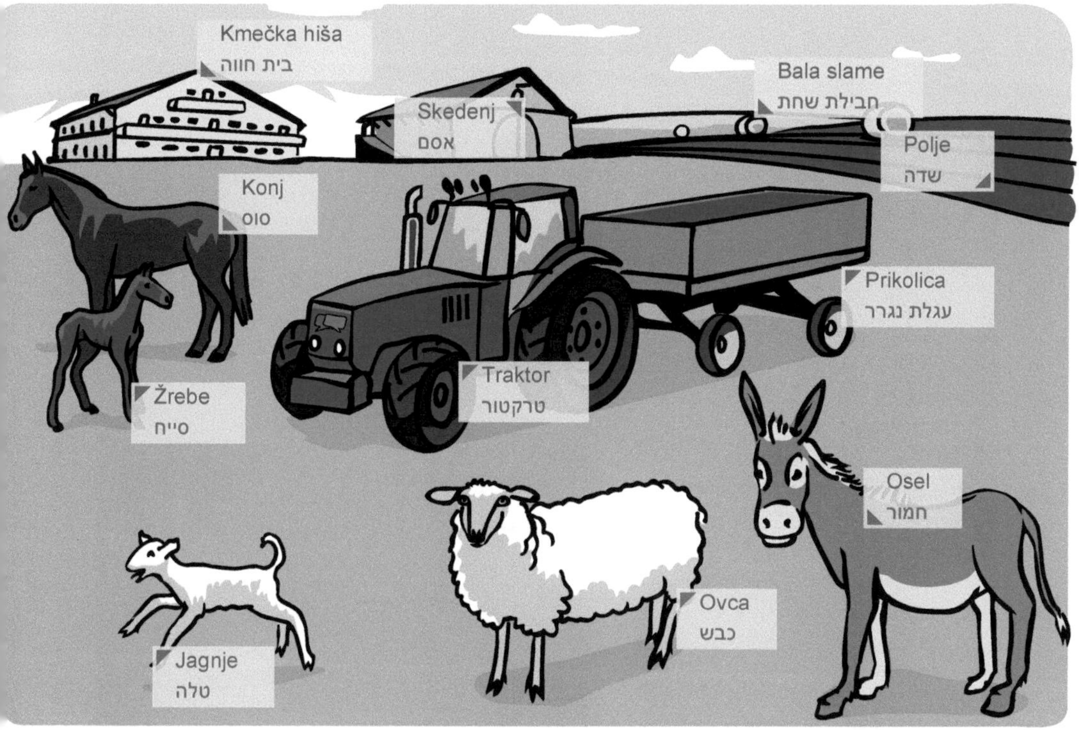

Koza

עז

Krava

פרה

Tele

עגל

Prašič

חזיר

Pujsek

חזרזיר

Bik

שור

Gos

אווז

Raca

ברווז

Piščanec

אפרוח

Kokoš

תרנגולת

Petelin

תרנגול

Podgana

חולדה

Mačka

חתול

Miš

עכבר

Vol

שור

Pes

כלב

Pasja uta

מלונה

Cev za zalivanje

צינור השקיה

Kangla za zalivanje

קנקן מים

Kosa

חרמש

Plug

מחרשה

Srp

מגל

Motika

מגרפה

Vile

קלשון

Sekira

גרזן

Samokolnica

מריצה

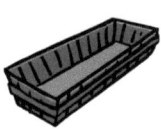

Korito

שוקת

Kangla za mleko

כד חלב

Vreča

שק

Ograja

גדר

Hlev

אורווה

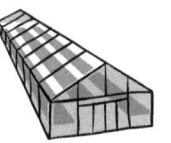

Rastlinjak

חממה

Prst

אדמה

Seme

זרע

Gnojilo

דשן

Kombajn

מקצרה

Žeti

קצר

Žetev

קציר

Jam

בטטה אפריקנית

Pšenica

חיטה

Soja

סויה

Krompir

תפוח אדמה

Koruza

תירס

Oljna ogrščica

קנולה

Sadno drevo

עץ פירות

Maniok

קסבה

Žito

דגנים

Hiša
בית

Dimnik
ארובה
Streha
גג
Žleb
מרזב
Okno
חלון
Garaža
מוסך
Zvonec
פעמון
Vrata
דלת
Koš za smeti
פח אשפה
Poštni nabiralnik
תיבת מכתבים
Vrt
גינה

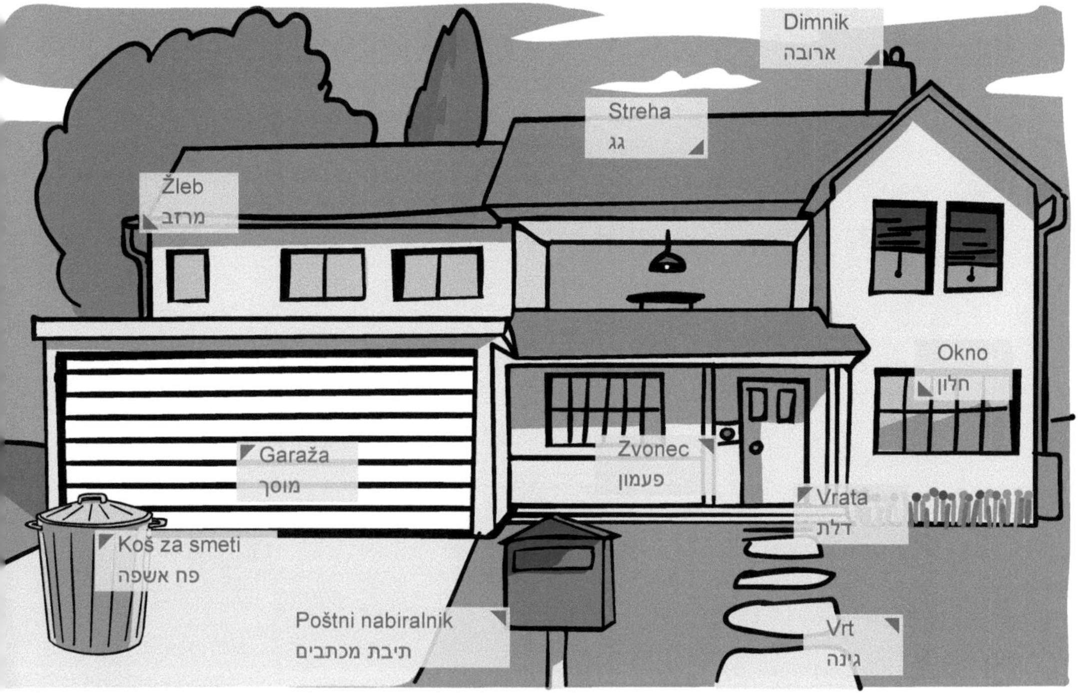

Dnevna soba

סלון

Kopalnica

חדר אמבטיה

Kuhinja

מטבח

Spalnica

חדר שינה

Otroška soba

חדר ילדים

Jedilnica

חדר אוכל

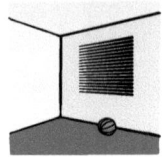

Tla

רצפה

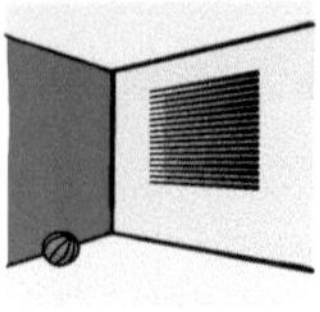

Stena

קיר

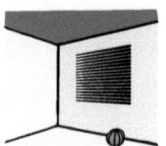

Strop

תקרה

Klet

מרתף

Savna

סאונה

Balkon

מרפסת

Terasa

מרפסת

Bazen

בריכה

Kosilnica

מכסחת דשא

Rjuha

סדין

Posteljno pregrinjalo

כיסוי מיטה

Postelja

מיטה

Metla

מטאטא

Vedro

דלי

Stikalo

מפסק

Dnevna soba

סלון

Tapeta
טפט
Slika
תמונה
Svetilka
מנורה
Polica
מדף
Omara
ארון
Televizor
טלוויזיה
Kamin
אח
Cvetlica
פרח
Blazina
כרית
Zofa
ספה
Vaza
אגרטל
Daljinski upravljalnik
שלט רחוק

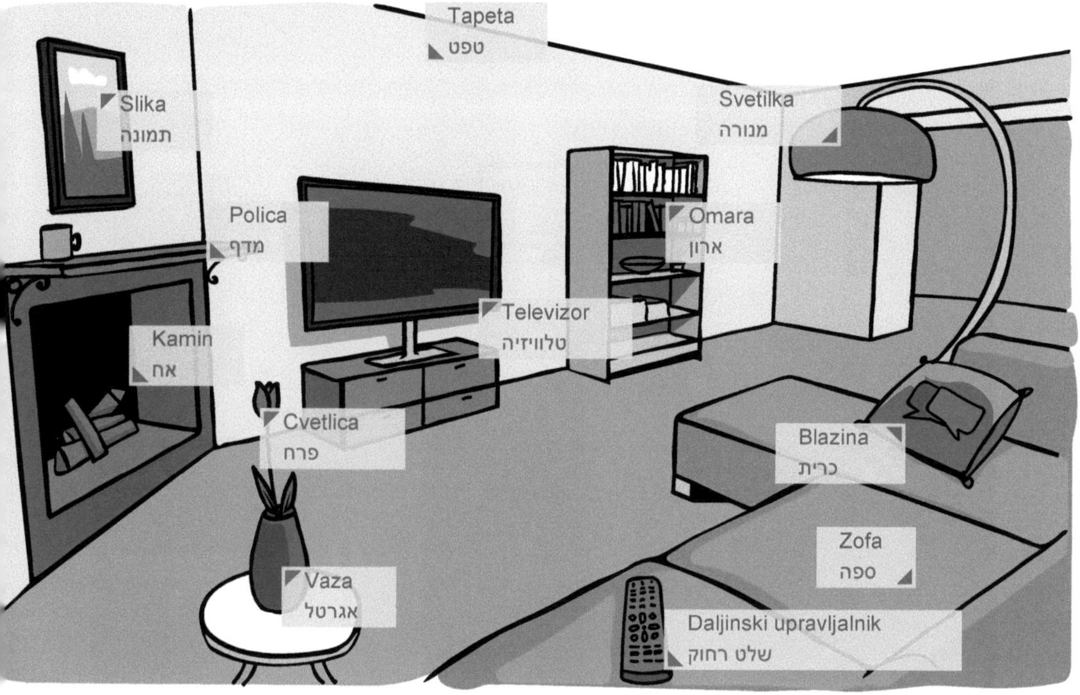

Preproga

שטיח

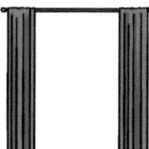

Zavesa

וילון

Miza

שולחן

Stol

כסא

Gugalnik

כיסא נדנדה

Naslanjač

כורסה

Knjiga

ספר

Odeja

שמיכה

Dekoracija

דקורציה

Drva

עצי הסקה

Film

סרט

Glasbeni stolp

מערכת סטריאו

Ključ

מפתח

Časopis

עיתון

Slika

ציור

Plakat

פוסטר

Radio

רדיו

Beležka

מחברת

Sesalnik

שואב אבק

Kaktus

קקטוס

Sveča

נר

Kuhinja
מטבח

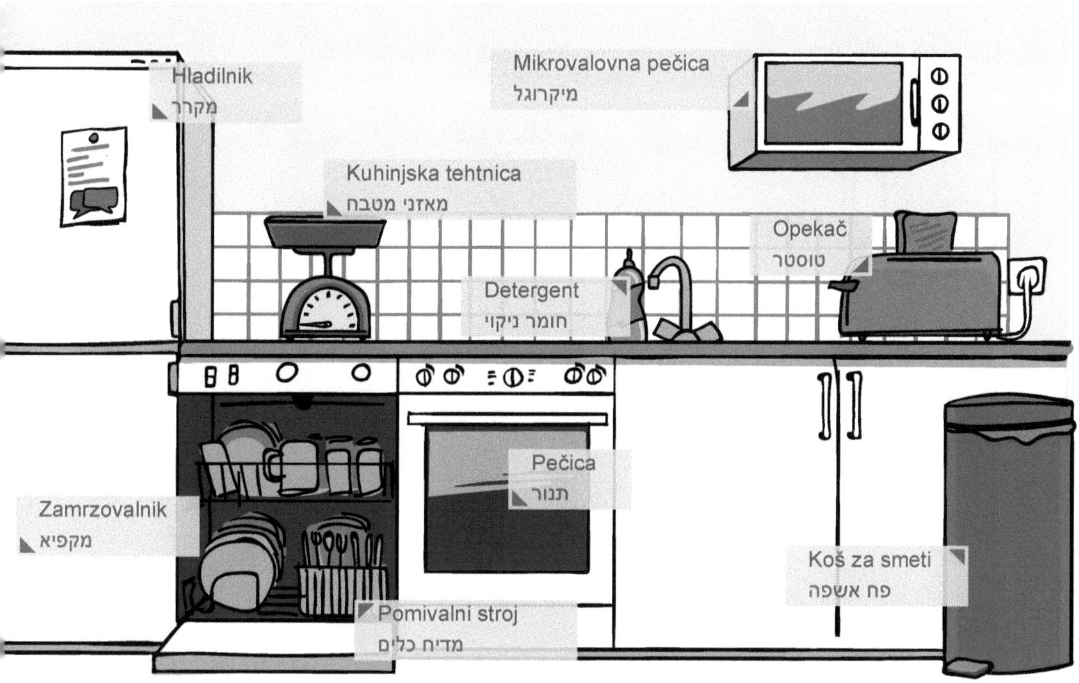
Hladilnik
מקרר
Mikrovalovna pečica
מיקרוגל
Kuhinjska tehtnica
מאזני מטבח
Opekač
טוסטר
Detergent
חומר ניקוי
Pečica
תנור
Zamrzovalnik
מקפיא
Koš za smeti
פח אשפה
Pomivalni stroj
מדיח כלים

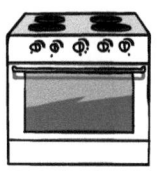

Kozica
תנור

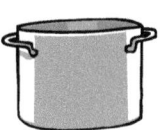

Lonec
סיר

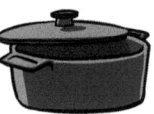

Litoželezni lonec
סיר ברזל

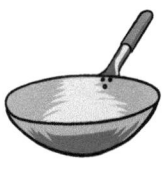

Vok / kadai
ווק

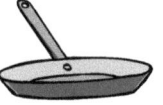

Ponev
מחבת

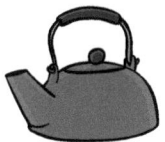

Kotliček
קומקום חשמלי

Parni kuhalnik

מאדה

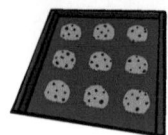

Pekač

מגש אפייה

Posoda

כלי אוכל

Skodelica

ספל

Skleda

קערה

Jedilne paličice

צ'ופסטיקס

Zajemalka

מצקת

Lopatica

מרית

Metlica

מטרפה

Cedilnik

מסננת בישול

Cedilo

מסננת

Strgalo

מגררת

Možnar

מכתש

Žar

גריל

Ognjišče

מדורה

Deska za rezanje

קרש חיתוך

Valjar

מערוך

Odpirač za steklenice

פותחן פקקים

Pločevinka

פחית

Odpirač za konzerve

פותחן קופסאות

Prijemalka za posodo

מטלית

Korito

כיור

Ščetka

מברשת

Goba

ספוג

Mešalnik

בלנדר

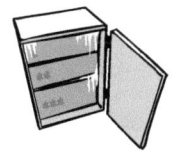

Zamrzovalna skrinja

מקפיא

Steklenička

בקבוק לתינוק

Pipa

ברז

Kopalnica

חדר אמבטיה

Prha
מקלחת
Ogrevanje
חימום
Brisača
מגבת
Zavesa za prho
וילון מקלחת
Peneča kopel
אמבטיית קצף
Kopalna kad
אמבטיה
Kozarec
כוס
Pralni stroj
מכונת כביסה
Pipa
ברז
Ploščice
אריחים
Kahlica
סיר לילה
Korito
כיור

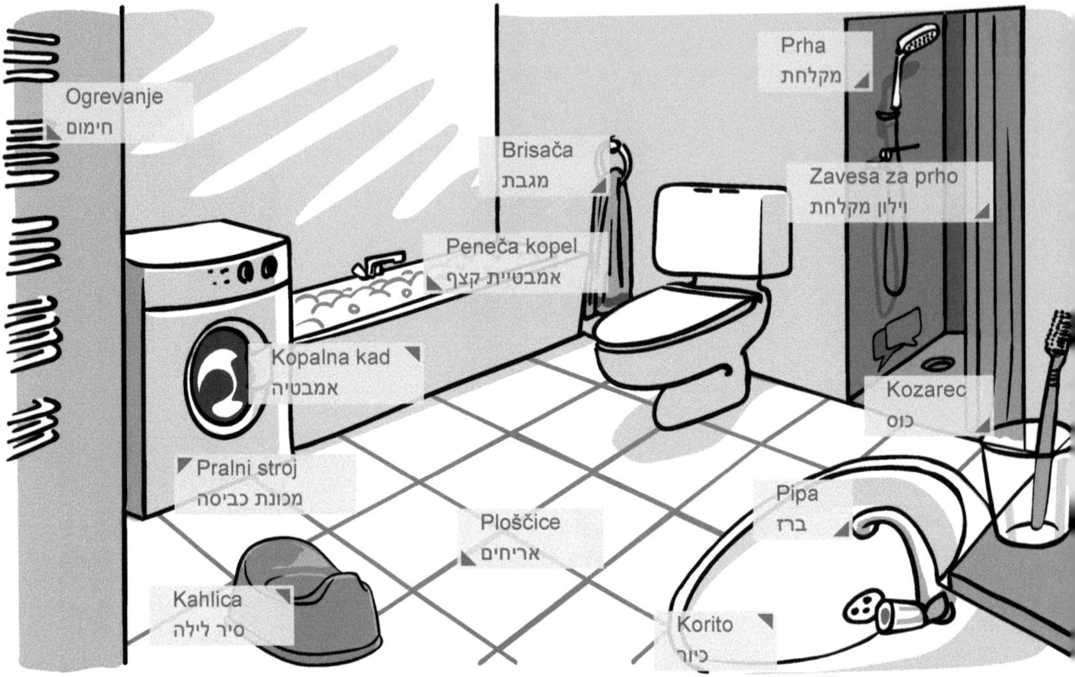

Stranišče

אסלה

Stranišče na počep

אסלת כריעה

Bide

בידה

Pisoar

משתנה

Toaletni papir

נייר טואלט

Ščetka za straniščno školjko

מברשת אסלה

38 Kopalnica - חדר אמבטיה

Zobna ščetka

מברשת שיניים

Zobna pasta

משחת שיניים

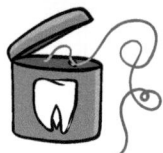

Zobna nitka

חוט דנטלי

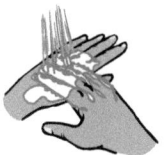

Umiti se

שטף

Ročna prha

מקלחת יד

Prha za intimne dele

צינור שטיפה לשירותים

Umivalnik

קערת רחצה

Krtača za hrbet

מברשת גב

Milo

סבון

Gel za prhanje

ג'ל רחצה

Šampon

שמפו

Krpica za miljenje

ליפה

Odtok

ניקוז

Krema

קרם

Deodorant

דיאודורנט

Ogledalo

מראה

Ročno ogledalo

מראת יד

Britvica

סכין גילוח

Pena za britje

קצף גילוח

Vodica po britju

אפטרשייב

Glavnik

מסרק

Ščetka

מברשת

Sušilnik za lase

מייבש שיעור

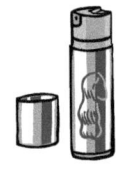

Lak za lase

ספריי לשיער

Ličila

איפור

Šminka

שפתון

Lak za nohte

לק

Vatirane blazinice

צמר גפן

Škarjice za nohte

מספריים לציפורניים

Parfum

בושם

Toaletna torbica

תיק כלי רחצה

Stol brez naslonjala

שרפרף

Osebna tehtnica

משקל

Kopalni plašč

חלוק רחצה

Gumijaste rokavice

כפפות גומי

Tampon

טמפון

Damski vložki

תחבושת סניטרית

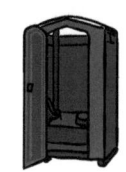

Kemično stranišče

שירותים כימיקליים

Otroška soba

חדר ילדים

Budilka
שעון מעורר
Plišasta igrača
צעצוע חיבוק
Avtomobilček
מכונית צעצוע
Ropotuljica
רעשן
Hiška za punčke
בית בובות
Darilo
מתנה

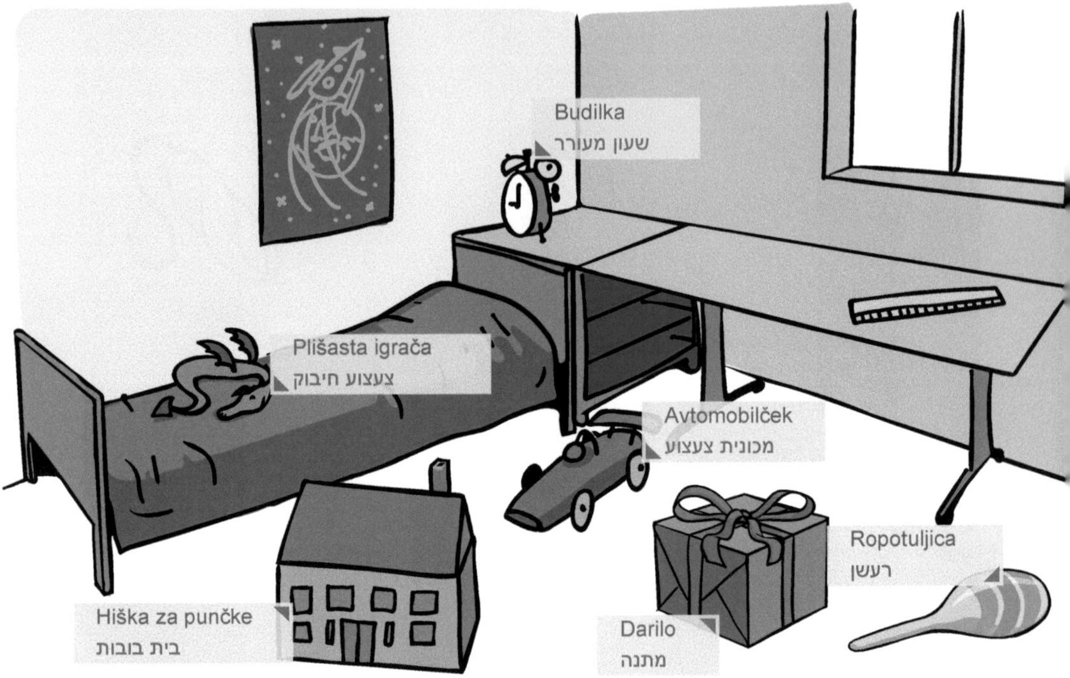

Balon

בלון

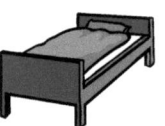

Postelja

מיטה

Otroški voziček

עגלה

Igralne karte

משחק קלפים

Sestavljanka

פאזל

Strip

קומיקס

Lego kocke

לגו

Igralne kocke

קוביות משחק

Akcijska figura

דמות משחק

Bodi

סרבל תינוקות

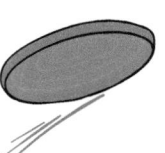

Frizbi

פריזבי

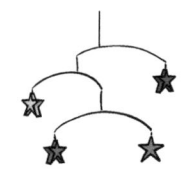

Vrtiljak za posteljico

נייד

Namizna igra

משחק לוח

Kocka

קוביה

Komplet modelov vlakov

רכבת צעצוע

Duda

מוצץ

Zabava

מסיבה

Slikanica

אלבום תמונות

Žoga

כדור

Lutka

בובה

Igrati se

שיחק

Peskovnik

ארגז חול

Gugalnica

נדנדה

Igrače

צעצועים

Igralna konzola

קונסולת משחקים

Tricikel

אופניים תלת גלגלי

Plišasti medvedek

דובון

Garderoba

ארון בגדים

Oblačilo

בגדים

Nogavice

גרביים

Samostoječe nogavice

גרביונים

Hlačne nogavice

גרביון

Šal
צעיף

Dežnik
מטריה

Majica s kratkimi rokavi
חולצת טי

Pas
חגורה

Športni copati
נעלי ספורט

Škornji
מגפיים

Copati
נעלי בית

Sandali	Čevlji	Gumijasti škornji
סנדלים	נעליים	מגפי גומי

Spodnje hlače	Modrček	Telovnik
תחתונים	חזייה	וסט

Bodi

גוף

Hlače

מכנסיים

Kavbojke

ג'ינס

Krilo

חצאית

Bluza

חולצה מכופתרת

Srajca

חולצה

Pulover

אפודה

Pletena jopica

סווצ׳ר עם קפוצ׳ון

Jopa

בלייזר

Jakna

ז'קט

Plašč

מעיל

Dežni plašč

מעיל גשם

Kostim

תלבושת

Obleka

שמלה

Poročna obleka

שמלת כלה

Obleka

חליפה

Spalna srajca

כותונת לילה

Pižama

פיג'מה

Sari

סארי

Naglavna ruta

מטפחת ראש

Turban

טורבן

Burka

בורקה

Kaftan

קאפטן

Abaja

עבאיה

Kopalke

בגד ים

Kopalne hlače

בגד ים

Kratke hlače

מכנסיים קצרים

Trenirka

בגד אימון

Predpasnik

סינר

Rokavice

כפפות

Gumb

כפתור

Očala

משקפיים

Zapestnica

צמיד יד

Verižica

שרשרת

Prstan

טבעת

Uhan

עגיל

Kapa

כובע

Obešalnik

קולב

Klobuk

כובע

Kravata

עניבה

Zadrga

רוכסן

Čelada

קסדה

Naramnice

כתפיות

Šolska uniforma

תלבושת בית ספר

Uniforma

מדים

Slinček

מפית אוכל

Duda

מוצץ

Plenica

חיתול

Pisarna

משרד

Strežnik
שרת
Kartotečna omara
תיקייה
Tiskalnik
מדפסת
Papir
נייר
Monitor
מסך
Pisalna miza
שולחן עבודה
Miška
עכבר
Mapa
תיק
Tipkovnica
מקלדת
Koš za smeti
סל נייר
Stol
כסא
Računalnik
מחשב

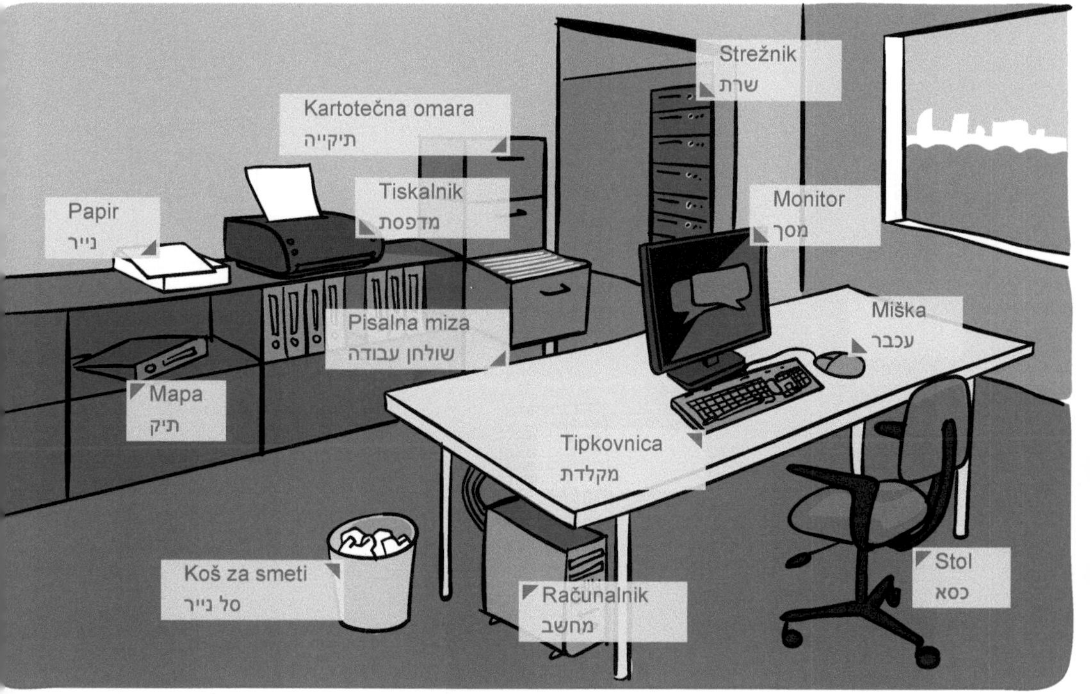

Lonček za kavo

ספל קפה

Kalkulator

מחשבון

Internet

אינטרנט

Prenosnik

מחשב נייד

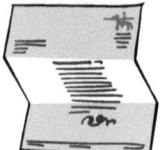

Pismo

מכתב .

Sporočilo

הודעה

Mobilnik

נייד

Omrežje

רשת

Kopirni stroj

מכונת צילום

Programska oprema

תוכנה

Telefon

טלפון

Vtičnica

שקע

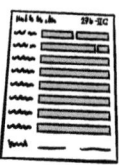

Telefaks

פקס

Obrazec

טופס

Dokument

מסמך

Kupiti

קנה

Plačati

שילם

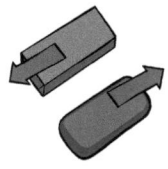

Trgovati

סחר

Denar

כסף

Dolar

דולר

Evro

יורו

Jen

ין

Rubelj

רובל

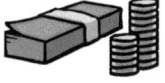

Švičarski frank

פרנק שווייצרי

Kitajski juan renminbi

יואן רנמינבי

Rupija

רופי

Bankomat

כספומט

Menjalnica

המרת מטבע

Zlato

זהב

Srebro

כסף

Nafta

נפט

Energija

אנרגיה

Cena

מחיר

Pogodba

חוזה

Davek

מס

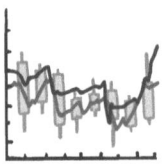

Delnice

מנייה

Delati

עבד

Delojemalec

עובד

Delodajalec

מעסיק

Tovarna

מפעל

Trgovina

חנות

Poklici

מקצועות

Gasilec
כבאי
Policist
שוטר
Kuhar
טבח
Zdravnik
רופא
Pilot
טייס

Vrtnar

גנן

Mizar

נגר

Šivilja

תופרת

Sodnik

שופט

Kemik

כימאי

Igralec

שחקן

Voznik avtobusa

נהג אוטובוס

Taksist

נהג מונית

Ribič

דייג

Čistilka

עובדת נקיון

Krovec

מתקן גגות

Natakar

מלצר

Lovec

צייד

Pleskar

צייר

Pek

אופה

Električar

חשמלאי

Gradbenik

עובד בניין

Inženir

מהנדס

Mesar

קצב

Vodovodni inštalater

אינסטלטור

Poštar

דוור

Vojak

חייל

Arhitekt

אדריכל

Blagajnik

קופאי

Cvetličar

מוכר פרחים

Frizer

ספר

Sprevodnik

כרטיסן

Mehanik

מכונאי

Kapitan

קברניט

Zobozdravnik

רופא שיניים

Znanstvenik

מדען

Rabin

רב

Imam

אימאם

Menih

נזיר

Duhovnik

כומר

Orodje
כלי עבודה

Klešče
צבת
Kladivo
פטיש
Izvijač
מברג
Žepna svetilka
פנס
Vijačni ključ
מפתח ברגים

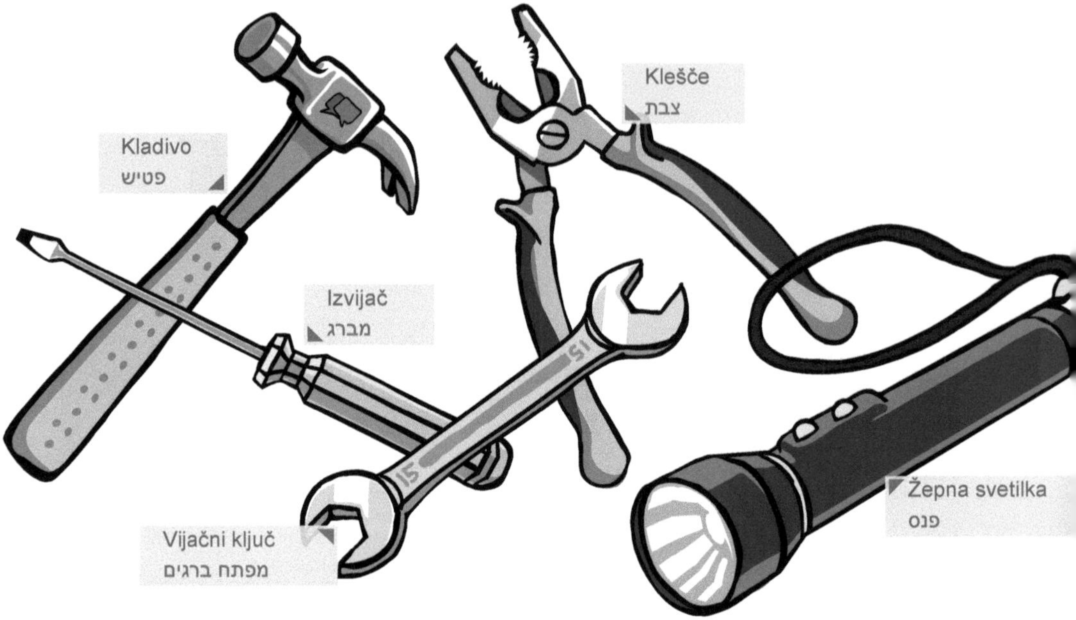

Bager

דחפור

Zaboj z orodjem

ארגז כלים

Lestev

סולם

Žaga

מסור

Žeblji

מסמרים

Vrtalnik

מקדחה

Popraviti
....
תיקן

Lopata
....
את חפירה

Šment!
....
לעזאזל!

Smetišnica
....
יעה

Posoda z barvo
....
פח צבע

Vijaki
....
ברגים

Glasbeni instrument
כלי נגינה

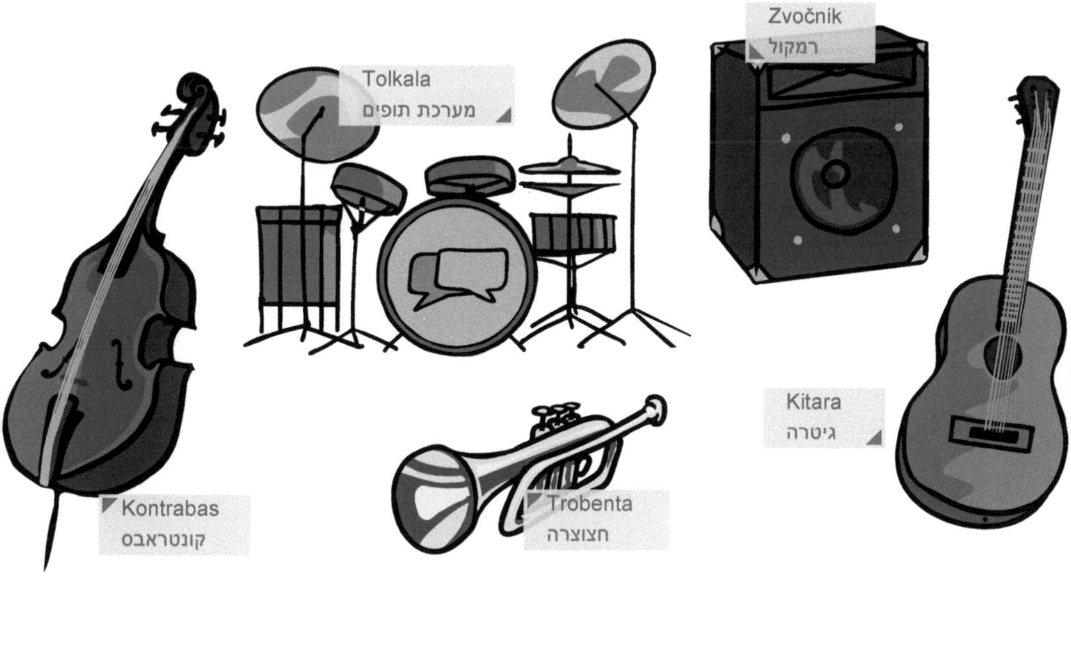

Zvočnik
רמקול
Tolkala
מערכת תופים
Kitara
גיטרה
Kontrabas
קונטראבס
Trobenta
חצוצרה

Klavir

פסנתר

Violina

כינור

Bas kitara

בס

Pavke

תוף הדוד

Bobni

תופים

Sintetizator

מקלדת פסנתר

Saksofon

סקסופון

Flavta

חליל

Mikrofon

מיקרופון

Živalski vrt

גן חיות

Vhod
כניסה
Tiger
נמר
Kletka
כלוב
Zebra
זברה
Krma za živali
מזון לחיות
Panda
פנדה

Živali

בעלי חיים

Slon

פיל

Kenguru

קנגרו

Nosorog

קרנף

Gorila

גורילה

Medved

דוב

Kamela

גמל

Noj

יען

Lev

אריה

Opica

קוף

Plamenec

פלמינגו

Papagaj

תוכי

Severni medved

דוב הקרח

Pingvin

פינגווין

Morski pes

כריש

Pav

טווס

Kača

נחש

Krokodil

תנין

Oskrbnik v živalskem vrtu

שומר גן החיות

Tjulenj

כלב ים

Jaguar

יגואר

Poni

סוס פוני

Leopard

לאופרד

Povodni konj

היפופוטאם

Žirafa

ג'ירפה

Orel

נשר

Divji prašič

חזיר בר

Riba

דג

Želva

צב

Mrož

סוס ים

Lisica

שועל

Gazela

איילה

Šport

ספורט

Ameriški nogomet
פוטבול אמריקאי
Kolesarjenje
רכיבת אופניים
Tenis
טניס
Košarka
כדורסל
Plavanje
שחיה
Boks
אגרוף
Hokej
הוקי

Nogomet

כדורגל

Badminton

בדמינטון

Atletika

אתלטיקה

Rokomet

כדור-יד

Smučanje

עשה סקי

Polo

פולו

Skočiti / קפץ	Objeti / חיבק	Smejati se / צחק
Peti / שר	Hoditi / הלך	Sanjati / חלם
Moliti / התפלל	Poljubiti / נשק	

Pisati	Risati	Pokazati
כתב	צייר	הראה

Potisniti	Dati	Vzeti
דחף	נתן	לקח

Imeti

יש / להיות הבעלים

Narediti

עשה

Biti

היה

Stati

עמד

Teči

רץ

Vleči

משך

Vreči

זרק

Pasti

נפל

Ležati

שכב

Čakati

חיכה

Nositi

סחב

Sedeti

ישב

Obleči se

התלבש

Spati

ישן

Zbuditi se

התעורר

Gledati

הסתכל ב-

Jokati

בכה

Božati

ליטף

Česati se

סירק

Govoriti

דיבר

Razumeti

הבין

Vprašati

שאל

Poslušati

שמע

Piti

שתה

Jesti

אכל

Pospraviti

סידר

Ljubiti

אהב

Kuhati

בישל

Voziti

נהג

Leteti

עף

Jadrati

שט

Računanje

חישב

Brati

קרא

Učiti se

למד

Delati

עבד

Poročiti se

התחתן

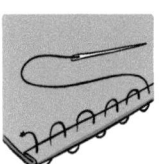

Šivati

תפר

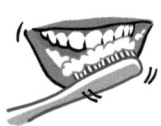

Ščetkati si zobe

ציחצח שיניים

Ubiti

הרג

Kaditi

עישן

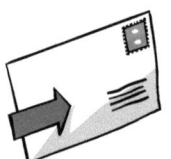

Poslati

שלח

Družina

משפחה

Stara mati
סבתא
Stari oče
סבא
Oče
אבא
Mati
אימא
Dojenček
תינוק
Hči
בת
Sin
בן

Gost
אורח

Teta
דודה

Stric
דוד

Brat
אח

Sestra
אחות

Telo

גוף

Čelo
מצח
Oko
עין
Obraz
פנים
Brada
סנטר
Prsi
חזה
Prst
אצבע
Dlan
כף יד
Roka
זרוע
Rama
כתף
Noga
רגל

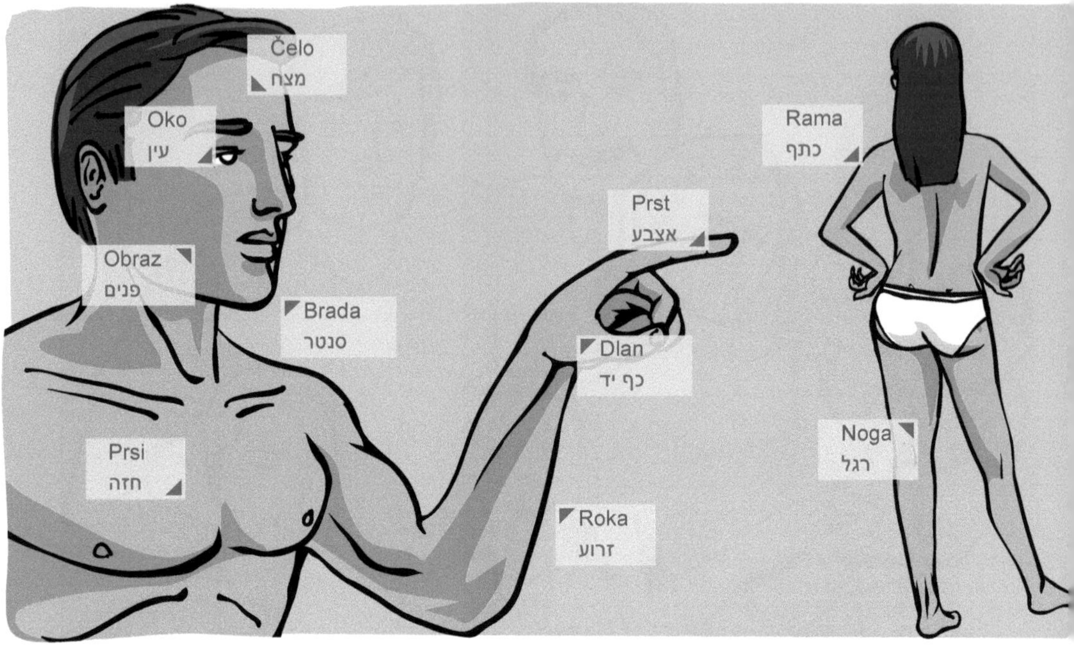

Dojenček

תינוק

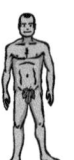

Človek

איש

Ženska

אישה

Dekle

ילדה

Fant

ילד

Glava

ראש

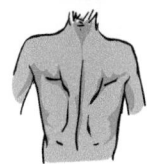

Hrbet

גב

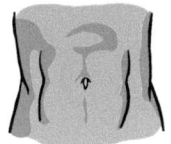

Trebuh

בטן

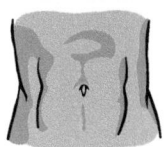

Popek

טבור

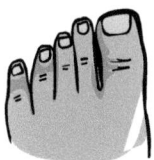

Prst na nogi

אצבע

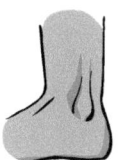

Peta

עקב

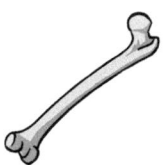

Kost

עצם

Kolk

ירך

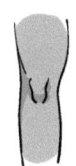

Koleno

ברך

Komolec

מרפק

Nos

אף

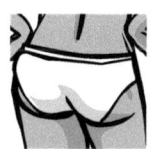

Zadnjica

עכוז

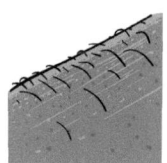

Koža

עור

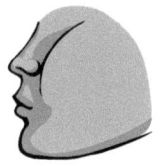

Lice

לחי

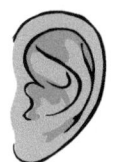

Uho

אוזן

Ustnica

שפתיים

Usta

פה

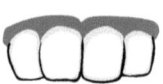

Zob

שן

Jezik

לשון

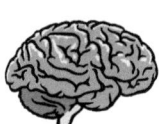

Možgani

מוח

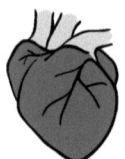

Srce

לב

Mišica

שריר

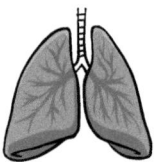

Pljuča

ריאה

Jetra

כבד

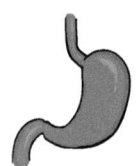

Želodec

קיבה

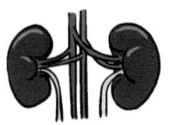

Ledvice

כליות

Spolni odnos

מין

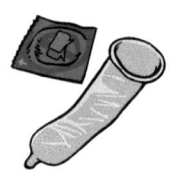

Kondom

קונדום

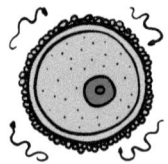

Jajčece

ביצית

Semenska tekočina

זרע

Nosečnost

הריון

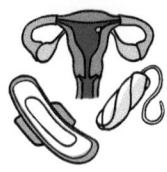

Menstruacija

וסת

Vagina

נרתיק

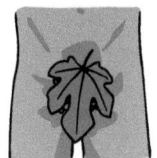

Penis

פין

Obrv

גבה

Lasje

שיער

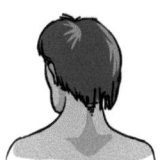

Vrat

צוואר

Bolnišnica

בית חולים

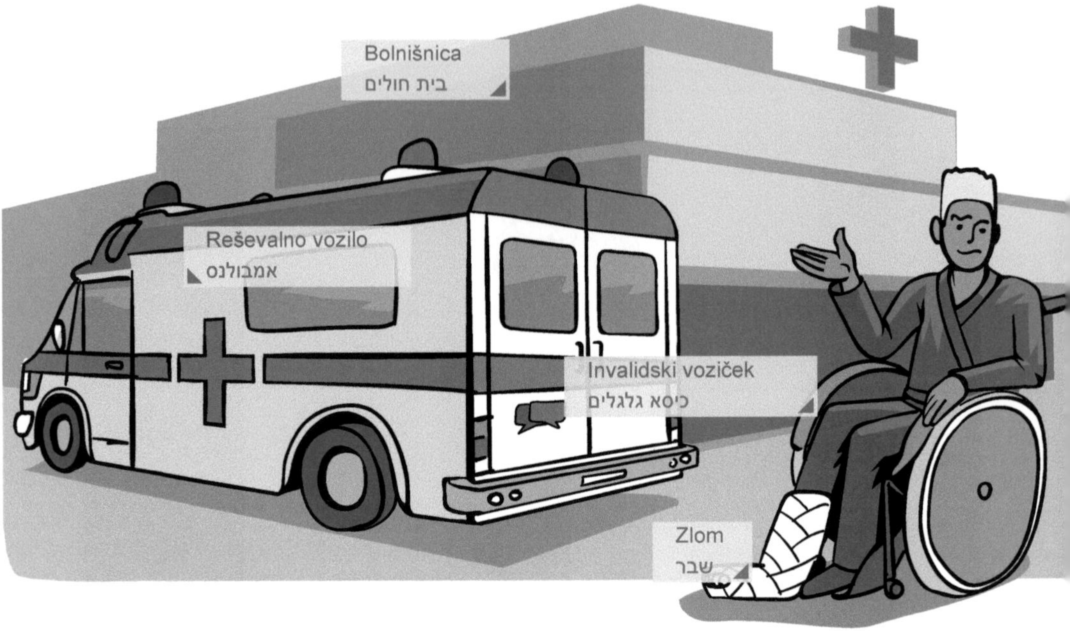

Bolnišnica
בית חולים
Reševalno vozilo
אמבולנס
Invalidski voziček
כיסא גלגלים
Zlom
שבר

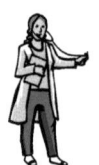

Zdravnik

רופא

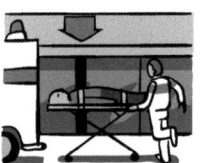

Urgenca

חדר מיון

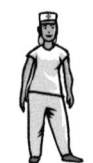

Medicinska sestra

אחות

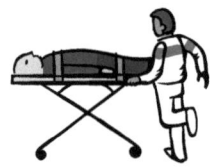

Nujni primer

חירום

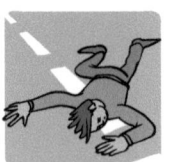

Nezavesten

חסר הכרה

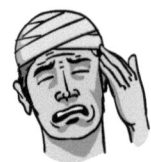

Bolečina

כאב

Poškodba

פציעה

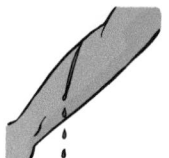

Krvavenje

דימום

Srčni infarkt

התקף לב

Kap

שבץ

Alergija

אלרגיה

Kašelj

שיעול

Vročina

חום

Gripa

שפעת

Driska

שלשול

Glavobol

כאב ראש

Rak

סרטן

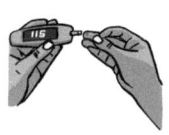

Sladkorna bolezen

סוכרת

Kirurg

מנתח

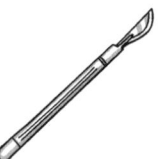

Skalpel

אזמל

Operacija

ניתוח

CT

סי-טי

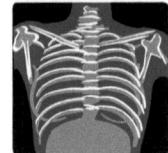

Rentgen

רנטגן

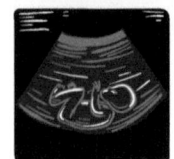

Ultrazvok

אולטרסאונד

Obrazna maska

מסיכת פנים

Bolezen

מחלה

Čakalnica

חדר המתנה

Bergla

קבה

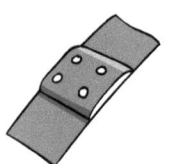

Obliž

פלסטר

Preveza

תחבושת

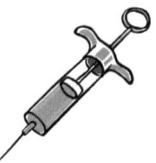

Injekcija

זריקה

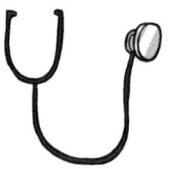

Stetoskop

סטטוסקופ

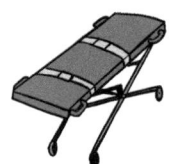

Nosila

אלונקה

Klinični termometer

מד חום

Porod

לידה

Prekomerna teža

עודף משקל

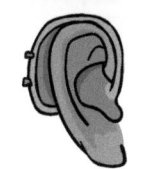

Slušni pripomoček

מכשיר שמיעה

Razkužilo

מחטא

Okužba

זיהום

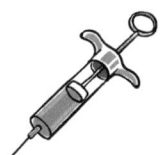

Virus

נגיף

HIV / AIDS

איידס

Medicina

תרופה

Cepljenje

חיסון

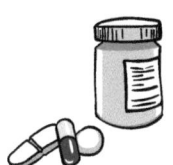

Tablete

טבליות

Tableta

גלולה

Klic v sili

קריאת חירום

Merilnik krvnega tlaka

מד לחץ דם

bolano / zdravo

חולה / בריא

Nujni primer

חירום

Na pomoč!

הצילו!

Alarm

אזעקה

Napad

פשיטה

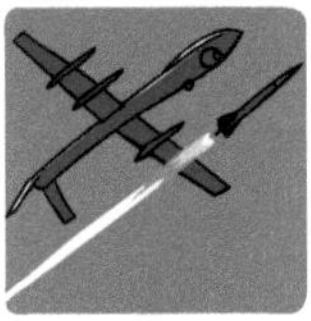

Napad

תקיפה

Nevarnost

סכנה

Izhod v sili

יציאת חירום

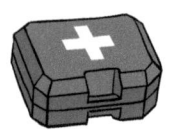

Gori!

אש!

Gasilni aparat

מטף כיבוי

Nezgoda

תאונה

Komplet za prvo pomoč

ערכת עזרה ראשונה

SOS

הצילו!

Policija

משטרה

Zemlja

כדור הארץ

Evropa

אירופה

Severna Amerika

צפון אמריקה

Južna Amerika

דרום אמריקה

Afrika

אפריקה

Azija

אסיה

Avstralija

אוסטרליה

Atlantski ocean

האוקיינוס האטלנטי

Tihi ocean

האוקיינוס השקט

Indijski ocean

האוקיינוס ההודי

Južni ocean

האוקיינוס האנטרקטי

Arktični ocean

האוקיינוס הארקטי

Severni tečaj

הקוטב הצפוני

Južni tečaj

הקוטב הדרומי

Antarktika

אנטארקטיקה

Zemlja

כדור הארץ

Kopno

אדמה

Morje

ים

Otok

אי

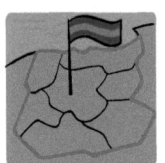

Narod

לאום

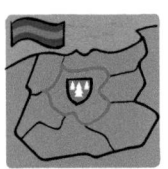

Država

מדינה

Številčnica

פני השעון

Urni kazalec

מחוג השעות

Minutni kazalec

מחוג הדקות

Sekundni kazalec

מחוג השניות

Koliko je ura?

מה השעה?

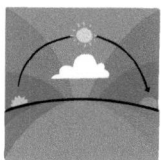

Dan

יום

Čas

זמן

Zdaj

עכשיו

Digitalna ura

שעון דיגיטלי

Minuta

דקה

Ura

שעה

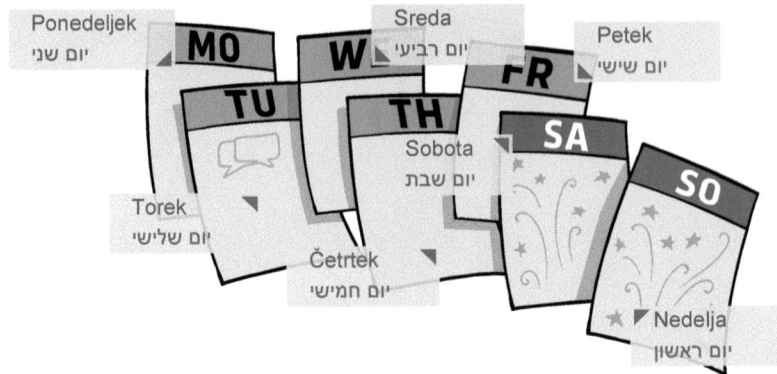

Teden

שבוע

Ponedeljek
יום שני
Sreda
יום רביעי
Petek
יום שישי
Sobota
יום שבת
SO
Torek
יום שלישי
Četrtek
יום חמישי
Nedelja
יום ראשון

Včeraj

אתמול

Danes

היום

Jutri

מחר

Jutro

בוקר

Poldne

צהריים

Večer

ערב

Delovni dnevi

ימי עבודה

Konec tedna

סוף שבוע

Dež
גשם
Mavrica
קשת בענן
Sneg
שלג
Veter
רוח
Pomlad
אביב
Jesen
סתיו
Poletje
קיץ
Zima
חורף

4.APRIL 11°
5.APRIL 4°
6.APRIL 13°
7.APRIL 8°
8.APRIL 10°

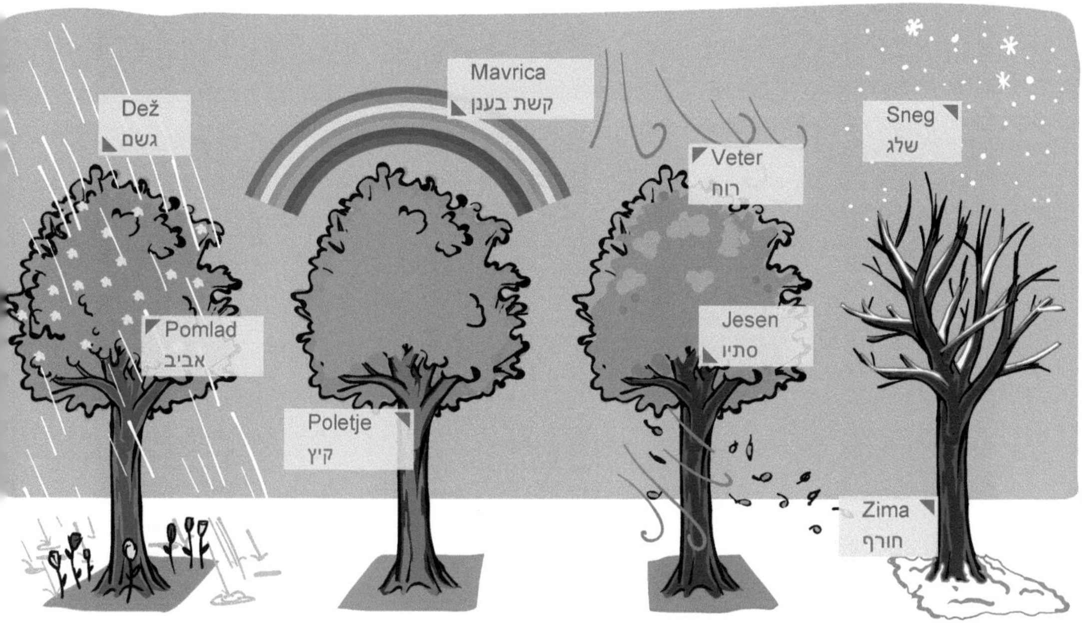

Vremenska napoved

תחזית מזג האוויר

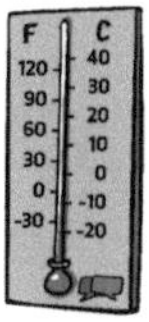

Termometer

מד חום

Sončna svetloba

אור שמש

Oblak

ענן

Megla

ערפל

Vlažnost

לחות

Strela

ברק

Grom

רעם

Nevihta

סערה

Toča

ברד

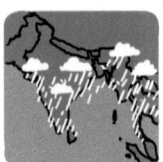

Monsun

רוח עונתי

Poplava

שיטפון

Led

קרח

Januar

ינואר

Februar

פברואר

Marec

מרץ

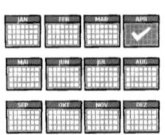

April

אפריל

Maj

מאי

Junij

יוני

Julij

יולי

Avgust

אוגוסט

September

ספטמבר

Oktober

אוקטובר

November

נובמבר

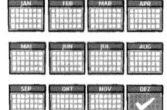

December

דצמבר

Oblike

צורות

Krogla

עיגול

Kvadrat

מרובע

Pravokotnik

מלבן

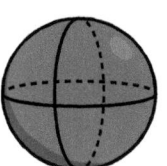

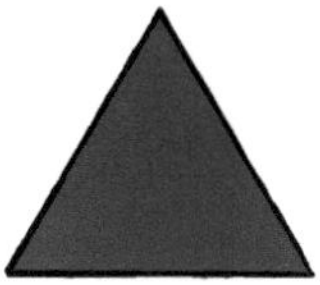

Trikotnik

משולש

Krogla

כדור

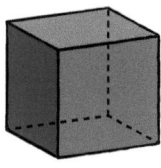

Kocka

קובייה

Barve

צבעים

Bela

לבן

Rumena

צהוב

Oranžna

כתום

Rožnata

ורוד

Rdeča

אדום

Vijolična

סגול

Modra

כחול

Zelena

ירוק

Rjava

חום

Siva

אפור

Črna

שחור

Nasprotja
הפכים

veliko / malo

הרבה / מעט

jezno / umirjeno

כועס / רגוע

lepo / grdo

יפה / מכוער

začetek / konec

התחלה / סוף

veliko / majhno

גדול / קטן

svetlo / temno

בהיר / כהה

brat / sestra

אח / אחות

čisto / umazano

נקי / מלוכלך

popolno / nepopolno

שלם / חלקי

dan / noč

יום /לילה

mrtvo / živo

מת / חי

široko / ozko

רחב / צר

užitno / neužitno

אכיל / לא אכיל

zlobno / prijazno

רשע / טוב לב

vznemirjeno / zdolgočaseno

מתרגש / משועמם

debelo / vitko

שמן / רזה

prvo / zadnje

ראשון / אחרון

prijatelj / sovražnik

חבר / אויב

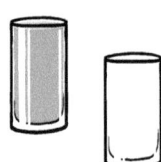

polno / prazno

מלא / ריק

trdo / mehko

קשה / רך

težko / lahko

כבד / קל

lakota / žeja

רעב / צמא

bolano / zdravo

חולה / בריא

nezakonito / zakonito

בלתי-חוקי / חוקי

pametno / neumno

נבון / טיפש

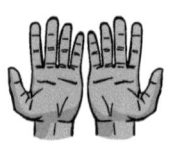

levo / desno

שמאל / ימין

blizu / daleč

קרוב / רחוק

novo / rabljeno

חדש / משומש

nič / nekaj

כלום / משהו

staro / mlado

זקן / צעיר

vklopljeno / izklopljeno

פעיל / כבוי

odprto / zaprto

פתוח / סגור

tiho / glasno

שקט / רועש

bogato / revno

עשיר / עני

prav / narobe

נכון / שגוי

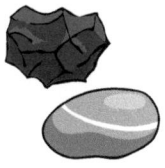

grobo / gladko

מחוספס / חלק

žalostno / veselo

עצוב / שמח

kratko / dolgo

קצר / ארוך

počasi / hitro

איטי / מהיר

mokro / suho

רטוב / יבש

toplo / hladno

חם / קר

vojna / mir

מלחמה / שלום

Števila
מספרים

0	1	2
Ničla	Ena	Dva
אפס	אחת	שתיים
3	4	5
Tri	Štiri	Pet
שלוש	ארבע	חמש
6	7	8
Šest	Sedem	Osem
שש	שבע	שמונה
9	10	11
Devet	Deset	Enajst
תשע	עשר	אחת-עשרה

12

Dvanajst

שתים-עשרה

13

Trinajst

שלוש-עשרה

14

Štirinajst

ארבע-עשרה

15

Petnajst

חמש-עשרה

16

Šestnajst

שש-עשרה

17

Sedemnajst

שבע-עשרה

18

Osemnajst

שמונה-עשרה

19

Devetnajst

תשע-עשרה

20

Dvajset

עשרים

100

Sto

מאה

1.000

Tisoč

אלף

1.000.000

Milijon

מיליון

Jeziki

שפות

Angleščina

....

אנגלית

Ameriška angleščina

....

אנגלית אמריקאית

Mandarinščina

....

סינית מנדרינית

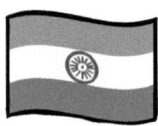

Hindujščina

....

הודית

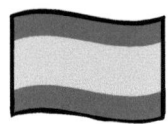

Španščina

....

ספרדית

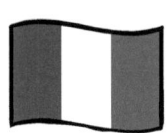

Francoščina

....

צרפתית

Arabščina

....

ערבית

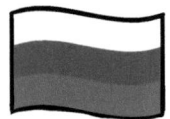

Ruščina

....

רוסית

Portugalščina

....

פורטוגזית

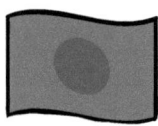

Bengalščina

....

בנגלית

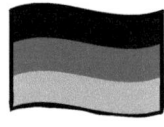

Nemščina

....

גרמנית

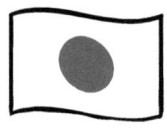

Japonščina

....

יפנית

Jaz

אני

Ti

אתה / את

On / ona / tisto

הוא / היא / זה

Mi

אנחנו

Vi

אתם

Oni

הם

Kdo?

מי?

Kaj?

מה?

Kako?

איך?

Kje?

איפה?

Kdaj?

מתי?

Ime

שם

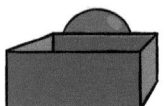

Kje

איפה

Zadaj

מאחור

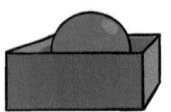

V

בתוך

Pred

לפני

Nad

מעל

Na

על

Pod

מתחת

Poleg

ליד

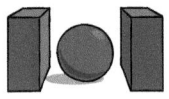

Med

בין

Kraj

מקום